Vertraue Dir

© Süddeutsche Zeitung GmbH, München
für die Süddeutsche Zeitung Edition 2018

Titel der Originalausgabe: On Confidence
Copyright © The School of Life 2017

Projektleitung: Till Brömer, Sabine Sternagel-Böttger
Übersetzung: Christel Klink
Lektorat: Daniela Wilhelm-Bernstein, Claudia Jacobs
Gestaltung: Daniela Mecklenburg
Herstellung: Thekla Licht, Hermann Weixler
Druck- und Bindearbeiten: optimal media GmbH, Röbel/Müritz
ISBN: 978-3-86497-477-9
1. Auflage 2018

Vertraue Dir

Süddeutsche Zeitung Edition

Inhalt

I
Einleitung
Seite 07

II
Törichtes Verhalten undSelbstbewusstsein
Seite 13

III
Das Hochstaplersyndrom
Seite 21

IV
Vertrauen in das System
Seite 31

V
Geschichte passiert jetzt
Seite 39

VI
Erfahrung
Seite 49

VII
Tod
Seite 59

VIII
Feinde
Seite 67

IX
Eigensabotage
Seite 81

X
Vertrauen in das eigene Selbstvertrauen
Seite 91

I

Einleitung

Manchmal ist es recht ernüchternd, wenn wir uns klarmachen, wie viele große Leistungen nicht aufgrund eines überragenden Talents oder technischen Verstands entstanden sind, sondern aus einer inneren Lebenskraft heraus entwickelt wurden, die wir Selbstbewusstsein nennen.

Wir verbringen enorm viel Zeit damit, auf spezifischen Gebieten Selbstbewusstsein zu erwerben: quadratische Gleichungen, Biotechnik, Wirtschaftswissenschaften oder Stabhochsprung. Insgesamt aber vernachlässigen wir unser natürliches Grundbedürfnis, uns eine ganz allgemeine, unspezifische Art von Selbstbewusstsein anzueignen – eines, das uns bei einer ganzen Reihe von unterschiedlichen Aufgaben begleitet, wie zum Beispiel bei Partys mit Fremden ins Gespräch kommen, einen Heiratsantrag machen, jemanden bitten, er möge die Musik leiser stellen, die Welt verändern.

Selten bemühen wir uns um dieses Selbstbewusstsein, weil wir davon ausgehen, dass eben nur manche Menschen aus unerfindlichen Gründen damit gesegnet sind. Manche besitzen einfach von Natur aus Selbstbewusstsein, aus Gründen, die Neurowissenschaftler sicher einmal herausfinden werden. Im Allgemeinen sind wir davon überzeugt, dass wir an dieser spezi-

Selbstbewusstsein ist eine erlernte Fähigkeit, kein Geschenk der Götter.

ellen Situation nichts ändern können und mit einem bestimmten Grad an Selbstbewusstsein, mit dem wir geboren wurden, leben müssen.

Dabei ist genau das Gegenteil der Fall. Selbstbewusstsein ist eine erlernte Fähigkeit, kein Geschenk der Götter. Und diese Fähigkeit basiert auf unseren Vorstellungen über die Welt und über den Platz, den wir in ihr einnehmen.

Der Erwerb von Selbstbewusstsein kann systematisch erforscht und nach und nach erlernt werden, so dass die Beweggründe, die uns allzu zögerlich oder fügsam machen, überwunden werden können. Wir sind durchaus in der Lage, uns selbst in der Kunst des Selbstbewusstseins zu unterrichten.

II

Törichtes Verhalten und Selbstbewusstsein

Menschen, die es gut mit uns meinen, versuchen oft, unser Selbstbewusstsein zu steigern, indem sie uns bei bestimmten Herausforderungen an unsere Stärken erinnern: unsere Intelligenz, unsere Kompetenz, unsere Erfahrung. Das kann jedoch unangenehme Konsequenzen nach sich ziehen. Zum Beispiel wenn unser vorhandenes Selbstbewusstsein dadurch erschüttert wird, dass wir uns zu sehr in unserer Würde angegriffen fühlen und vor Situationen zurückschrecken, in denen sie bedroht sein könnte. Dann schrecken wir vor allen Herausforderungen zurück, bei denen wir fürchten, uns vielleicht lächerlich zu machen – und das umfasst natürlich so gut wie alle interessanten Situationen im Leben.

In einer fremden Stadt zögern wir, jemanden zu bitten, uns in ein paar interessante Bars zu führen, weil man uns für einen bedauernswert unwissenden und verlorenen Touristen halten könnte. Wir sehnen uns schon seit Langem danach jemanden zu küssen, lassen es uns aber nicht anmerken, für den Fall, dass er oder sie uns als zu aufdringlich ablehnt. In der Arbeit bewerben wir uns nicht um eine Beförderung, weil die Geschäftsführung uns für anmaßend halten könnte. In unserem krampfhaften Bemühen, uns keine Blöße zu geben, wagen wir uns nicht weit aus unserer Komfortzone heraus. Folglich verpassen wir – zumindest hin und wieder – die besten Chancen, die uns das Leben bietet.

Im Grunde beruht unser mangelndes Selbstbewusstsein auf einer verzerrten Vorstellung davon, wie viel Würde ein normaler, durchschnittlicher Mensch ausstrahlt. Wir stellen uns vor, dass wir ab einem gewissen Alter über das Gespött der anderen erhaben sein könnten. Wir meinen, es sei tatsächlich möglich, ein gutes Leben zu führen, ohne sich regelmäßig lächerlich zu machen.

Eines der charmantesten Bücher der frühen Neuzeit in Europa ist *Lob der Torheit* (1509), ein Werk von Erasmus von Rotterdam. Der Philosoph bietet uns darin eine absolut befreiende These an. In warmherzigen Worten erinnert er uns daran, dass jeder, ganz gleich wie wichtig oder gelehrt er auch sein mag, im Grunde ein Dummkopf ist. Davor kann sich niemand schützen, auch nicht der Autor selbst. Ganz gleich, wie gelehrt Erasmus auch war, er besteht darauf, genauso dumm wie der Rest der Welt zu sein: sein Urteilsvermögen ist nicht unfehlbar; seine Leidenschaften überwältigen ihn; er ist eine leichte Beute für Aberglaube und irrationale Ängste; wann immer er neuen Menschen begegnen muss, ist er schüchtern; bei vornehmen Abendessen fällt ihm etwas herunter. Das alles ist zutiefst beruhigend, denn es bedeutet, dass uns unsere eigenen Unzulänglichkeiten nicht notwendigerweise von der besten Gesellschaft ausschließen müssen. Wie ein Idi-

Pieter Bruegel der Ältere, Die niederländischen Sprichwörter, 1559

ot dazustehen, sich danebenzubenehmen und nachts seltsame Dinge zu tun – all das bedeutet nicht, dass wir untauglich für die Gesellschaft wären; ganz im Gegenteil, es rückt uns in die Nähe des größten Gelehrten der Renaissance in Nordeuropa.

Eine ähnlich befreiende Aussage lässt sich aus einem Werk Pieter Bruegels ableiten. Sein Gemälde *Die niederländischen Sprichwörter* präsentiert uns auf recht komische Weise ein desillusionierendes Bild der menschlichen Natur. Jedermann, so seine Aussage, ist ziemlich verrückt: da ist der Mann, der sein Geld in den Fluss wirft, der Soldat, der am Feuer hockt und sich seine Hosen verbrennt; einer schlägt mit dem Schädel absichtlich gegen eine Ziegelwand, ein anderer beißt in eine Säule. Es ist wichtig zu wissen, dass dieses Gemälde kein Angriff auf ein paar ungewöhnlich schreckliche Menschen ist, sondern ein Bild, das bestimmte Aspekte von uns allen zeigt. Den Werken von Bruegel und Erasmus liegt die Vorstellung zugrunde, dass der Weg zu größerem Selbstbewusstsein nicht darin liegt, uns selbst immer wieder unsere Würde zu bestätigen, sondern dass wir mit der Lächerlichkeit, der wir uns unvermeidlich aussetzen, unseren Frieden machen. Wir sind nun einmal Dummköpfe, waren es schon immer und werden es auch in Zukunft sein – und das ist ganz in Ordnung, es gehört zum Menschsein dazu.

Wir werden schüchtern, wenn wir uns zu sehr von den achtbaren Seiten anderer beeindrucken lassen. Die Menschen versuchen so sehr, normal zu erscheinen, dass wir kollektiv zu der abwegigen Ansicht beitragen, dass es so etwas wie Normalität gibt. Und das bereitet jedem von uns Schwierigkeiten.

Wenn wir einmal erkennen würden, dass wir von Natur aus töricht sind, wäre es auch nicht weiter schlimm, wenn wir noch etwas täten, was dumm wirken könnte. Die Person, die wir gerne küssen wollen, mag uns in der Tat für lächerlich halten. Der Typ, den wir in einer fremden Stadt um Auskunft gebeten haben, mag uns vielleicht geringschätzen. Aber das wäre ja nichts Neues für uns, sie würden nur das bestätigen, was wir uns selbst schon lange eingestanden haben: dass wir – genauso wie sie und alle anderen Menschen auf der Welt – Dummköpfe sind. Somit würde das Risiko, sich lächerlich zu machen, seinen substanziellen Schrecken verlieren. Die Angst vor einer Blamage würde uns nicht ständig verfolgen. Wir würden uns frei fühlen, Neues auszuprobieren, weil wir akzeptierten, dass das Scheitern dazugehört. Doch zwischen all den Zurückweisungen und Absagen, die wir uns von Beginn an einhandeln, würde gelegentlich auch etwas funktionieren: Wir bekommen unseren Kuss, gewinnen einen neuen Freund oder bekommen die Gehaltserhöhung.

Der Weg zu größerem Selbstbewusstsein beginnt mit dem Ritual, sich jeden Morgen ernsthaft vor dem Spiegel einzugestehen, dass man ein Schwachkopf ist, ein Idiot, ein Blödmann und ein Depp. Danach sollten ein paar weitere Dummheiten keine Rolle mehr spielen.

III

Das Hochstaplersyndrom

Bei Herausforderungen überlassen wir das Feld oft anderen Mitstreitern, weil wir uns selbst nicht als Gewinner sehen. Wenn wir uns dann vorstellen, wir könnten Verantwortung oder Ansehen erlangen, kommt es uns schnell so vor, als seien wir Hochstapler, wie ein Schauspieler in Pilotenuniform, der im Cockpit zuversichtlich klingende Ansagen macht, dabei aber unfähig ist, die Maschine zu starten.

Ursprünglich ist der Grund für das Hochstaplersyndrom ein vollkommen falsches Bild davon, wie die Menschen an der Spitze der Gesellschaft wirklich sind. Wir fühlen uns nicht deshalb als Hochstapler, weil wir besonders viele Schwächen hätten, sondern weil wir keine Vorstellung davon haben, wie viele Schwächen die Angehörigen der Eliten unter ihrer mehr oder weniger polierten Oberfläche verbergen.

Die Entstehung des Hochstaplersyndroms reicht bis weit in die Kindheit zurück, speziell bis zu dem überwältigenden Gefühl des Kindes, das seine Eltern als völlig andere Wesen empfindet. Ein vierjähriges Kind kann sich nicht vorstellen, dass seine Mutter einst genauso jung war und weder Auto fahren noch dem Klempner Anweisungen geben, andere ins Bett schicken oder Geschäftsreisen machen konnte. Die Kluft zwischen ihrem und dem eigenen Status erscheint uneingeschränkt und unüberbrückbar. Die Vorlieben des Kindes – auf dem Sofa hüpfen, Zeichentrickfilme ansehen oder Schokolade naschen – spielen sich auf einer ganz anderen Ebene ab als jene von Erwachsenen, die stundenlang am Tisch sitzen, sich unterhalten und Bier trinken, das nach rostigem Metall schmeckt. Am Beginn unseres Lebens bekommen wir den starken Eindruck, dass sich Menschen, die das Sagen haben und die wir bewundern, ganz anders sind als wir.

Diese Erfahrung im Kindesalter fließt in ein grundsätzliches Merkmal menschlichen Befindens mit ein. Wir kennen unser Inneres, doch von andern kennen wir nur die Oberfläche. Während wir uns ständig unserer inneren Ängste und Zweifel bewusst sind, wissen wir von anderen nur das, was sie tun und sagen – eine bedeutend eingeschränktere Informationsquelle.

Oft schließen wir daraus, dass wir irgendwie merkwürdig sein müssen, was aber keineswegs stimmt, denn wir können uns einfach nur nicht vorstellen, dass andere genauso zerbrechlich sind wie wir. Selbst ohne genau zu wissen, welch aufwühlende oder verstörende Gedanken sich im Kopf einer, von außen betrachtet, beeindruckenden Persönlichkeit abspielen, können wir sicher davon ausgehen, dass es diese Gedanken gibt. Auch solch eine Person wird von Reue oder Scham geplagt und hat bestimmte sexuelle Fantasien. Wir wissen das, weil Schwächen und innere Zwänge unmöglich nur uns persönlich befallen haben können; sie gehören zur allgemeinen, psychischen Grundausstattung des Menschen. Die Befreiung vom Hochstaplersyndrom liegt im absoluten Vertrauen darauf, dass die Gedanken anderer genauso funktionieren wie unsere und jeder so ängstlich, unsicher und abartig ist wie wir.

In früheren Zeiten musste man schon Mitglied der Aristokratie sein, um ungehindert hinter die Kulissen der Eliten blicken zu können. Im England des 18. Jahrhunderts gab ein Flottenadmiral in seiner beeindruckenden Uniform (hoher Hut mit Kokarde, jede Menge Goldverzierung) für nahezu jedermann ein beeindruckendes Bild ab und Tausende Untergebene befolgten seine Befehle. Doch ein junger Earl oder Marquis – sein ganzes Leben schon Mitglied in denselben Kreisen – hätte den Admiral in einem ganz anderen Licht gesehen. Er hätte mitbekommen, wie der Admiral am Vorabend beim Kartenspiel im Klub sein Geld verloren hat; er hätte davon gehört, dass der Admiral als Kind den Spitznamen Sticky – „Klebrig" – bekam, weil er seine Marmeladenbrote immer so ungeschickt aß, dass sein ganzes Gesicht verschmiert gewesen war; er hätte die Geschichten der Tante gekannt, die stets davon erzählte, wie unbeholfen der Admiral einst versucht hatte, ihrer Schwester im Park einen Heiratsantrag zu machen; er hätte gewusst, dass der Admiral bei seinem Großvater Schulden hat – und dass dieser ihn wiederum für ziemlich unterbelichtet hält. Aufgrund dieses Wissens hätte der junge Aristokrat die weise Erkenntnis gehabt,

Die Befreiung vom Hochstaplersyndrom liegt im absoluten Vertrauen darauf, dass andere uns ähneln.

dass ein Admiral keine unerreichbare Position ist, die nur Göttern vorbehalten bleibt, sondern eben etwas, was auch ein Sticky hinbekam.

Eine andere Gesellschaftsgruppe, die vor mangelndem Selbstbewusstsein bewahrt blieb, befand sich am anderen Ende des sozialen Spektrums: die Dienerschaft. Der französische Essayist Montaigne bemerkte im 16. Jahrhundert trocken: „Kein Diener sieht seinen Herrn als Helden." Fehlender Respekt kann sich mitunter recht ermutigend auswirken, wenn wir bedenken, wie sehr uns die Ehrfurcht davon abhalten kann, es unseren Helden gleichzutun oder sie übertreffen zu wollen. Große Persönlichkeiten der Öffentlichkeit beeindrucken jene viel weniger, die sich um sie kümmern – sie spät nachts betrunken ins Bett bringen, die die Flecken in ihrer Unterwäsche sehen, die die geheimen Zweifel ihrer Herrschaft an Dingen mitanhören, welche sie in der Öffentlichkeit überzeugt vertreten oder die sie beschämt über strategische Fehler weinen sehen, welche sie öffentlich nie zugeben würden.

Der Leibdiener und der Aristokrat verstehen intuitiv die Grenzen der Autorität der Mächtigen. Zum Glück müssen wir weder das eine noch das andere sein, um uns von einem ungesunden Respekt vor der Elite zu befreien. Unsere Vorstellungskraft hilft uns da schon weiter. Eine der Aufgaben von Kunstwerken sollte darin bestehen, dass sie uns einigermaßen verlässlich die Gedanken der Leute näherbringen, von denen wir uns einschüchtern lassen, und uns die schnöden, ärgerlichen und verworrenen Erfahrungen, die sich in ihrem Inneren abspielen, zeigen.

An anderer Stelle in den *Essays* von 1580 versichert Montaigne scherzhaft seinen Lesern in einfachem Französisch: „Könige und Philosophen scheißen, und Damen tun es auch." Was Montaigne damit sagen will ist, dass es dafür in der Regel keine Nachweise gibt und man sich deshalb kaum vorstellen kann, große Persönlichkeiten hätten je auf einer Toilette gesessen. Solche bedeutenden Menschen sehen wir niemals so etwas tun, während wir andererseits über unsere eigenen Darmfunktionen bestens informiert sind. Daraus entsteht das Gefühl, dass wir mit unseren plumpen und oft ziemlich desolaten Körpern weder Philosophen noch Könige oder gar Damen sein können und dass wir, sobald wir uns in diesen Rollen wiederfinden, einfach nur Hochstapler sind.

Montaigne fordert uns auf, die Großen und Mächtigen realistischer zu sehen. Aber es geht dabei nicht nur um Körperfunktionen, es geht auch um die Furchtsamkeit unserer Seele. Montaigne hätte genauso gut sagen können, dass Könige, Philosophen und Damen ebenfalls von Selbstzweifeln und Minderwertigkeitsgefühlen geplagt werden, manchmal über die eigenen Füße stolpern und krankhafte, erotische Gedanken über Mitglieder der eigenen Familie haben. Außerdem betrifft dies natürlich nicht nur die Spitzen der Gesellschaft im 16. Jahrhundert, sondern ist heute ebenso auf CEOs, Firmenanwälte, Nachrichtensprecher und erfolgreiche Startup-Unternehmer zu übertragen. Auch sie blicken manchmal nicht durch, geben unter Druck nach und sehen auf Entscheidungen zurück, für die sie sich schämen oder die sie bedauern. Nicht weniger als der Gang zur Toilette gehören solche Gefühle zu jedem von uns. Es sind nicht unsere inneren Schwächen, die uns davon abhalten, das zu tun, was sie tun. Wären wir an ihrer Stelle, dann wären wir keine Hochstapler, sondern ganz normal.

Das absolute Vertrauen darauf, dass andere uns ähneln, hilft die Welt menschlicher zu machen. Wann immer wir einen fremden Menschen treffen, dann ist er nicht wirklich ein Fremder, sondern jemand, der trotz äußerer Unterschiede im Prinzip ist wie wir. Es gibt also nichts Grundlegendes, was uns daran hindern könnte, ein verantwortliches, erfolgreiches und erfülltes Leben zu leben.

IV

Vertrauen in das System

Wenn wir unsere Ideen in die Welt hinaus tragen, dann bekommen wir als Antwort meist ein „Nein" zu hören.

In der Arbeit entwickeln wir einen Vorschlag, den wir für richtig gut halten. Wir recherchieren, vergleichen mögliche Strategien und geben das Ganze einem Vorgesetzten in die Hand, der verspricht, einen Blick darauf zu werfen. Sechs Wochen später kommt dann die Nachricht zurück, dass die Firma für den Vorschlag dankt, ihn aber nicht weiter verfolgen wird. Es gibt keine detaillierte Erklärung, woran es liegt, es wird nur ganz allgemein angedeutet: nicht der richtige Zeitpunkt, passt nicht ins Firmenkonzept, kann mit dem Team nicht durchgesetzt werden. Wir sind zwar enttäuscht, finden uns aber damit ab. Wahrscheinlich war unser Vorschlag doch nicht so gut. Beim nächsten Mal sollten wir sorgfältiger vorgehen.

Oder wir stoßen auf eine Idee für ein neuartiges Produkt. Es sieht so aus, als bestünde da eine große Marktlücke. Wir holen uns Marktberater ins Haus und besprechen die Sache. Aber die Herren oder Damen mit den modischen Brillen, die irgendwann schon mit BMW und Google zusammengearbeitet haben, erzählen uns mit unüberhörbarem Sarkasmus in der Stimme, dass das Ganze nie funktionieren wird.

Danach löschen wir die gesamte Präsentation einfach von unserem Laptop.

Oder Sie benutzen seit Jahren Ihr altes Mobiltelefon und sind eigentlich ganz zufrieden damit, obwohl es keine ausgefallenen, neuen Funktionen hat. Für Ihre Zwecke reicht es. Aber dann lassen sie es versehentlich im Zug liegen. Die Leute im Telefonladen sind alles andere als hilfreich. Sie sagen Ihnen, dass das Modell schon seit Jahren veraltet ist und mit einen Prozessor aus der Steinzeit und einem Bildschirm mit 960x540 Pixel Auflösung ausgestattet ist, der mit den neuen Wisch-Befehlen nicht gut zurechtkommt. Da ist nichts zu machen. Also lassen wir uns ein Telefon aufschwatzen, das uns eigentlich nicht zusagt. Ein paar Wochen später treffen wir auf einer Konferenz jemanden, der genau so ein Telefon benutzt, das wir uns eigentlich vorgestellt hatten.

In kleinen wie in großen Entscheidungen lassen wir uns vom „System" beeinflussen, gegen dessen Macht und Unbesiegbarkeit unsere eigenen Hoffnungen kläglich und unbedeutend erscheinen. Unser Mangel an Selbstbewusstsein wurzelt in einem rührenden aber letztlich ungeheuer schädlichen Ausmaß von Vertrauen darauf, dass das „System" recht hat. Dieses Vertrauen haben wir aus der Zeit herübergerettet, als die anderen, die für uns verantwortlich waren, das Beste für uns wollten und viel Zeit darauf verwendeten, unsere Bedürfnisse einzuschätzen. Als unsere Eltern uns verboten, in unserem Schlafzimmer den Computer zu benutzen oder meinten, dass es nicht ratsam sei, den Schulausflug nach Spanien mitzumachen, konnten wir uns darauf verlassen, dass sie so etwas nicht aus Gemeinheit oder Mangel an Verständnis taten. Sie waren einfach die Überbringer schlechter Nachrichten, weil sie in unserem Interesse handelten.

Solche Erfahrungen mögen dazu geführt haben, dass wir generell an die Unvoreingenommenheit jener glauben, die uns frustrieren. Wir denken, Vorgesetzte, Marktberater oder Telefonverkäufer seien auf ihre Art genauso sorgfältig in ihrem Urteil wie unsere eigenen Familien. Aber das kann natürlich nicht stimmen.

In der Spätantike, im dritten und vierten Jahrhundert, als das Römische Weltreich kollabierte, versuchte der Heilige Augustinus, Kirchenlehrer und christlicher Philosoph, die wesentlichen und unvermeidlichen Mängel aller menschlichen Systeme zu beschreiben. Er machte einen grundlegenden Unterschied zwischen zwei Reichen. Eins nannte er den Gottesstaat (civitas coelestis), ein Reich, in dem Institutionen so sind, wie wir sie uns idealerweise vorstellen: weise, altruistisch und uns wohlgesinnt. Das andere nannte er den irdischen Staat (civitas terrena), ein Reich, in dem sich die Institutionen so darstellen, wie sie tatsächlich sind: gelegentlich wohlmeinend, aber meist träge, nachlässig, korrupt oder gleichgültig. Augustinus' ebenso düstere wie scharfsinnige Diagnose gipfelte in der Überzeugung, dass es den Menschen von Natur aus unmöglich sei, Institutionen zu schaffen, die unseren Hoffnungen

Reife bedeutet, vom Mythos einer Person zur vollständigen Akzeptanz ihrer Menschlichkeit zu gelangen.

gerecht werden. Niemals würden sie so weise und gerecht sein können, wie sie sich selbst darstellten. Derartige Hoffnungen gehörten zu dem, was er vom Leben nach dem Tod erwartete. Heute würden wir es vermutlich etwas aufgeklärter formulieren: Diese Hoffnungen sind etwas für Phantasten.

Für Kinder ist es schwer, sich das Innenleben von Autoritäten vorzustellen. Ein Erstklässler kommt ganz durcheinander, wenn er seinen Lehrer am Sonntagmorgen beim Bäcker sieht oder beim Joggen im Park. In ihrer Vorstellung ist diese mächtige Person ausschließlich „der Lehrer", dessen ganzes Leben darin besteht, im Klassenzimmer und am Lehrerpult zu wirken. Lehrer haben keine persönliche Geschichte, sie waren nie selbst einmal Kinder, sie haben keine Probleme, unerfüllte Träume oder durchwachte Nächte. Das kindliche Selbst hat Schwierigkeiten, sich die Realitäten des Erwachsenenlebens auszumalen.

Im Idealfall bedeutet Reife jedoch, vom Mythos einer Person – unabhängig von ihrem Status im Wertesystem der Gesellschaft– zur vollständigen Akzeptanz ihrer Menschlichkeit zu gelangen. Letztlich machen wir anderen damit ein Kompliment, wenn wir sie als dieselben vielschichtigen und unvollkommenen Individuen akzeptieren, die auch wir sind. Es fühlt sich vielleicht ein wenig enttäuschend an, ist aber eine wesentliche Hilfe dabei, dass in der Zukunft das Wort „nein" weniger unparteiisch und unzweifelhaft wirkt.

V

Geschichte passiert jetzt

Ein Aspekt, der selbstbewusste von zaghaften Menschen unterscheidet, ist ihr Zugang zur Vergangenheit. Ganz allgemein formuliert, sind die Zaghaften davon überzeugt, dass Geschichte etwas ist, das festgelegt wurde. Im Gegensatz dazu vertrauen die Selbstbewussten darauf, dass Geschichte ständig neu gestaltet wird, und eines Tages möglicherweise sogar von ihnen.

Die Art und Weise, wie wir die Welt von Beginn an erfahren, lässt uns zu der Auffassung tendieren, dass Geschichte abgeschlossen ist. Alles um uns herum gibt uns das Gefühl, dass der Status quo fest etabliert ist. Wir sind von Menschen umgeben, die viel größer sind als wir und nach Traditionen leben, die es seit Jahrzehnten, wenn nicht gar Jahrhunderten gibt. Unser Verständnis von Zeit misst dem unmittelbaren Moment enorme Bedeutung bei. Für einen Fünfjährigen ist letztes Jahr so weit weg wie hundert Jahre. Das Haus, in dem wir leben, steht unverrückbar wie ein antiker Tempel; unsere Schule scheint seit Anbeginn aller Zeiten denselben Ritualen zu folgen. Ständig wird uns erzählt, warum die Dinge so sind wie sie sind, und wir werden aufgefordert zu akzeptieren, dass sich die Realität nicht nach unseren Wünschen gestaltet. Am Ende glauben wir daran, dass die Menschheit bereits alle Bereiche des Möglichen definiert und festgelegt hat.

Wenn etwas noch nicht geschehen ist, dann nur, weil es nicht geschehen kann oder überhaupt nicht geschehen sollte.

Das Resultat davon ist eine übergroße Vorsicht, sich Alternativen vorzustellen. Es lohnt nicht, eine neue Geschäftsidee zu verfolgen (der Markt ist sicher schon gesättigt), alternative Wege in der Kunst einzuschlagen (es wurde alles schon definiert) oder eine neue Idee beharrlich weiterzuverfolgen (entweder besteht sie schon, oder sie ist verrückt).

Doch wenn wir die Geschichte studieren, ergibt sich ein ganz anderes Bild. Wenn sich die Perspektive ändert und wir im Zeitraffer ganze Jahrhunderte überblicken, ist Veränderung die einzige Konstante. Neue Kontinente wurden entdeckt, alternative Regierungsformen ausprobiert. Die Vorstellungen, wie man sich kleiden oder wen man anbeten soll, ändern sich laufend. Einst trugen die Menschen seltsame Kutten und beackerten das Land mit schwerfälligen Gerätschaften. Vor langer Zeit köpften sie ihren König. Sie stachen mit einfach gezimmerten Schiffen in See, aßen Schafsaugen, setzten sich nachts auf Nachttöpfe und wussten nichts von Zahnkorrekturen.

All das lehrt uns, zumindest theoretisch, dass sich die Dinge ändern. Fast ohne es zu merken, neigen wir jedoch im Alltagsleben dazu, uns selbst und unsere Gesellschaft losgelöst zu sehen von diesem turbulenten Geschehen und von der Tatsache, dass wir die Akteure sind, die es heute vorantreiben. Wir meinen, Geschichte ist das, was früher einmal passiert ist und unmöglich das mit einschließen kann, was heute um uns herum passiert. Was schließlich unsere allernächste Umgebung betrifft, erscheinen uns die Dinge statisch. Um diese Ignoranz gegenüber dem allgegenwärtigen Wandel und die daraus resultierende Passivität abzuschwächen, sollten wir uns einigen markanten Zeilen aus dem Gedichtzyklus *Die vier Quartette* (1943) von T. S. Eliot zuwenden:

So while the light fails
On a winter's afternoon, in a secluded chapel
History is now and England

Während das Licht schwindet
An einem Winternachmittag in einem
stillen Gotteshaus
Geschieht Geschichte in diesem Augenblick,
und England.

Nachmittage im Winter, so gegen vier Uhr, haben es an sich, besonders unabänderlich und überkommen zu wirken, insbesondere in stillen englischen Dorfkirchen, die zum Teil schon aus dem Mittelalter stammen. Die Luft in diesen Kirchen ist muffig und abgestanden, die schweren Steinplatten am Boden sind ausgetreten von den Füßen der Gläubigen. Ein Flyer, der ein anstehendes Konzert ankündigt und eine Spendenbox hoffen auf unsere Aufmerksamkeit. Das späte Nachmittagslicht fällt durch die Kirchenfenster mit ihren

Heiligenbildern (Petrus und Johannes, jeder mit einem Opferlamm im Arm). Dies ist kein Ort, um über den Wandel der Zeiten nachzudenken. Alles sagt uns, dass es vernünftiger wäre, die Dinge als gegeben hinzunehmen, uns über die Felder auf den Nachhauseweg machen, dort ein Feuer im Kamin anzünden und den Rest des Tages ausklingen lassen. Dann die Überraschung in Eliots dritter Zeile, sein klingendes: „Geschieht Geschichte in diesem Augenblick, und England".

Um es anders auszudrücken: Alles, was wir mit Geschichte assoziieren – also große Taten großer Menschen, fundamentale Änderungen in der Werteskala, das revolutionäre In-Frage-Stellen herkömmlicher Anschauungen, der Umsturz der alten Ordnung –, geschieht auch jetzt, in diesem Moment, selbst an äußerlich so friedvollen und offensichtlich unveränderten Orten wie der ländlichen Gegend um Shamley Green in Surrey, in der Eliot sein Gedicht schrieb. Es fällt uns nur nicht auf, weil wir zu nahe dran sind. Tag für Tag erneuert sich die Welt, deshalb hat rein theoretisch jeder von uns die Möglichkeit, Geschichte zu gestalten, ob im Kleinen oder im Großen. Es liegt an uns, eine neue Stadt so schön wie Venedig zu schaffen, das Denken so radikal zu verändern wie in der Renaissance oder eine intellektuelle Bewegung mit so großer Resonanz wie den Buddhismus zu begründen.

Die Gegenwart hat alle Möglichkeiten der Vergangenheit; sie ist formbar und beeinflussbar. Das sollte uns nicht einschüchtern. Wie wir lieben, reisen, über

Bestehendes
ist zum
Großteil zufällig
entstanden,
es ist das Ergebnis
von Chaos
und zufälligen
Ereignissen.

Kunst denken, regieren, uns weiterbilden, Geschäfte führen, alt werden und sterben, all das entwickelt sich ständig weiter. Gängige Sichtweisen scheinen unveränderlich zu sein nur, weil wir ihre Unveränderlichkeit überschätzen. Bestehendes ist zum Großteil zufällig entstanden, weder unausweichlich noch rechtmäßig, sondern es ist das Ergebnis von Chaos und zufälligen Ereignissen. Selbst an einem grauen Winterabend sollten wir uns unserer Macht bewusst sein, in den Lauf der Geschichte einzugreifen und ihre Richtung – wie geringfügig auch immer – verändern können.

VI

Erfahrung

Eine der größten Quellen der Verzweiflung ist der Glaube, dass alles viel leichter hätte sein sollen, als es am Ende war. Wir geben nicht deshalb einfach auf, weil sich die Abläufe schwierig gestalten, sondern weil wir innerlich nicht darauf vorbereitet waren. Wir interpretieren unsere Anstrengungen als Beweis, dass wir nicht das nötige Talent dazu haben, uns unsere Träume zu erfüllen. Wir lassen uns entmutigen und verunsichern und geben schließlich auf, weil uns der Kampf aussichtslos erscheint.

Um die Fähigkeit aufrechtzuerhalten, selbstbewusst zu bleiben, ist es daher von entscheidender Bedeutung, eine korrekte Vorstellung davon zu haben, welchen Schwierigkeiten wir wohl begegnen werden. Leider ist es oft so, dass die Informationen, die wir sammeln, uns aus verschiedensten Gründen vollkommen in die Irre führen. Wir sind umgeben von Geschichten, nach denen der Erfolg viel leichter erreichbar scheint, als er es tatsächlich ist. Unser eigenes Selbstbewusstsein kann da angesichts all unserer Schwierigkeiten schnell mal einen Knacks davontragen.

Zum Teil sind die Gründe, warum uns alles so leicht erreichbar dargestellt wird, durchaus liebevoll gemeint. Wenn wir einem Kind von vornherein sagen würden, was es später zu erwarten hat – die Einsamkeit, zerbrochene Beziehungen, frustrierende Berufsarbeit – könnte es klein beigeben und resignieren. Stattdessen lesen wir ihm lieber die lustigen Abenteuer von Pippi Langstrumpf vor.

Oft spricht man aber auch einfach deshalb nicht von den Schwierigkeiten, die man überwinden musste, um anzugeben und andere mit der Leichtigkeit zu beeindrucken, mit der uns etwas gelungen ist. Erfolgreiche Künstler oder Unternehmer geben sich große Mühe zu verschleiern, wie mühsam sie ihre Ziele erreicht haben. Ihr Erfolg soll einfach, natürlich und wie selbstverständlich aussehen. „Die Kunst liegt darin, die Kunst zu verbergen", meint dazu der römische Dichter Horaz.

Berühmte Bühnenkomiker verraten nie, wie viel Zeit sie damit verbringen, eine Pointe richtig einzuüben. Sie sagen kein Wort darüber, wie lange sie sich überlegt haben, ob sie eine Pointe im Sitzen anbringen sollen, so als seien sie vollkommen erschlagen, oder lieber stehend und scheinbar ungeduldig, mit der Wahrheit endlich herausplatzen zu können; ob man das Wörtchen „winzig" hernehmen oder lieber beim „ganz klein" bleiben sollte, um einen Gag einzuleiten. So auszusehen, als würde einem alles gerade erst in den Sinn kommen, ist das Ergebnis jahrelanger Übung.

Als Kunden und Konsumenten bezahlen wir dafür, dass Berichte über die ganzen Anstrengungen

Berühmte Bühnenkomiker verraten nie, wie viel Zeit sie damit verbringen,
eine Pointe richtig einzuüben.

von uns ferngehalten werden. Die frühen Entwürfe eines Romans sollen uns erspart bleiben, ebenso wie die Schwierigkeiten einer Hotelkette bei der Einrichtung eines ihrer Hotels oder die Klagen des Technikers über das hydraulische System. Wir möchten die glatte Oberfläche eines Gerätes bewundern, ohne an die komplexe Technik, die dahintersteckt, erinnert zu werden.

Irgendwann im Leben wechseln wir aber von der Rolle des Konsumenten zu der des Herstellers, und dann müssen wir für unsere Unwissenheit teuer bezahlen. Unsere früheren Fehler sind für uns der Beweis unserer absoluten Unfähigkeit, statt sie vielmehr als unvermeidliche Schritte auf dem Weg zur Meisterschaft zu sehen. Ohne einen genauen Entwicklungsplan können wir uns selbst in Bezug auf unsere Fehler nicht richtig einschätzen. Wir wissen viel zu wenig über die ersten groben Konzepte unserer Vorbilder und finden daher unsere eigenen frühen Fehlversuche unverzeihlich.

Einige Kulturen waren sehr viel klüger darin, die Herausforderungen bestimmter Lebenswege zu vermitteln. Der Aphaiatempel auf der griechischen Insel Ägina war beispielsweise mit herausragenden Skulpturen geschmückt, die die Gefahren des Soldatenlebens darstellten: ein Feind versucht, einen Krieger mit dem Speer zu durchbohren; der Mitkämpfer neben ihm in der Phalanx bricht zusammen; einer wird nach hinten gestoßen und erschlägt sich fast mit dem eigenen

Die Skulpturen des Aphaiatempels auf Ägina zeigen die raue Wirklichkeit des Krieges, um die Soldaten auf das Schlachtfeld vorzubereiten.

Schwert; der Feind schießt ihm einen Pfeil in den Rücken, als er versucht zu fliehen.

Die Auftraggeber dieses Tempels zeigten dies absichtlich, um ihre Leute auf die Härten des Kampfes vorzubereiten. Gleichzeitig aber würdigten sie damit das Leben derer, die es wagten, sich diesen gigantischen Anstrengungen zu unterwerfen. Soldaten verdienen Ansehen, sagen die Erbauer dieses Tempels, weil der Krieg niemals ein bequemer Weg zum Ruhm ist. Solche Statuen wurden nie versteckt aufgestellt, sondern mitten in der Stadt, sodass man sie von frühester Jugend an bei wichtigen Ereignissen zu Gesicht bekam. Obwohl die griechischen Städte der Antike nur beschränkte Mittel zu Verfügung hatten, legten sie erstaunlich großen Wert darauf, sich ständig daran zu erinnern, dass die angesehenste Betätigung jener Zeit vor allen Dingen eines bedeutete: große Härte und Beschwernis.

Wir dagegen sind recht kurz angebunden, wenn es um eine genaue, ehrliche und überzeugende Einschätzung geht, was wir in Bezug auf die wichtigsten Aspekte unseres Berufslebens zu erwarten haben. Um unser Selbstbewusstsein zu stärken, sollten wir uns die modernen Entsprechungen zu den klassischen Skulpturen zu Gemüte führen: Filme, Gedichte, Lieder und Romane, die die Qualen beschreiben, die sich in den zwar wenig glamourösen, aber umso repräsentativeren Zentren des modernen Kapitalismus entfalten, also in Vertriebszentren, Steuerbüros, Abflughallen, bei Human-Resources-Konferenzen oder Management-Klausuren.

Künstler, die unser Selbstbewusstsein stärken wollten, sollten uns rückhaltlos und ohne Scheu zeigen, was ein erfolgreiches Leben in Wirklichkeit umfasst. Sie sollten uns die Tränen zeigen, die wir am Arbeitsplatz unterdrücken, die Meetings, in denen unsere Ideen zerpflückt und unsere Projekte abgeschmettert werden; die hämischen Artikel über uns in den Zeitungen; die langen Stunden, die wir irgendwo in fremden Hotelzimmern verbringen, statt unseren Kindern bei der Schulvorführung zuzusehen; das Gefühl, dass wir viel zu spät klug geworden sind; die Schlaflosigkeit wegen unserer Sorgen und Irritationen.

Wenn wir unsere Erwartungen näher an den voraussichtlichen Erfahrungen ausrichten würden, dann bekämen unsere Rückschläge eine andere Bedeutung. Statt sie als vernichtendes Zeugnis unserer Unfähigkeit anzusehen, gälten sie als Beweis dafür, dass wir auf dem richtigen Weg sind. Unsere Sorgen, Rückschläge und Schwierigkeiten könnten wir als Orientierungshilfen begreifen, und nicht als Irrwege oder verhängnisvolle Warnungen.

Selbstbewusstsein ist nicht der Glaube, dass uns nichts passieren kann, sondern die Erkenntnis, dass sich jeder erstrebenswerten Aufgabe Schwierigkeiten in den Weg stellen. Insgesamt sollten wir immer über genügend Geschichten verfügen, die die Ängste und Enttäuschungen, die selbst die besten und erfolgreichsten Lebensläufe begleiten, in einem normalen Licht erscheinen lassen.

VII

Der Tod

Es gibt so Vieles, was wir jeden Tag auf die lange Bank schieben: Endlich eine Beziehung beenden, die für beide Seiten unbefriedigend ist; einer Person, die man aufregend findet, näherkommen; eine neue Laufbahn einschlagen, die unseren verborgenen Talenten gerecht wird; das Haus mit dem wunderbaren Blick übers Wasser kaufen. Und doch, wir tun einfach nichts. Das mag uns gegen drei Uhr morgens verzweifelt bewusst werden, doch bei Tageslicht machen wir im alten Trott weiter. Wir spielen mit dem Gedanken, einmal interessante Dinge zu unternehmen, wenn wir in Rente gehen. Wir verplempern unser Leben.

Unsere Zögerlichkeit gründet im Bewusstsein des Risikos, das wir eingehen könnten. Jeder Schritt könnte uns mit entsetzlichen Gefahren konfrontieren. Das neue Haus könnte sich als unpassend erweisen; der Karrierewechsel könnte im Ruin enden; der oder die Liebste könnte uns zurückweisen; wir könnten der alten Beziehung nachweinen. Doch unsere Passivität kostet einen hohen Preis. Unterschwellig ist uns bewusst, dass es sehr wohl etwas Schlimmeres gibt, als zu scheitern, nämlich sein Leben zu vergeuden.

Nur allzu leicht ignorieren wir eine unumstößliche Tatsache unserer Existenz: dass sie irgendwann enden wird. Die nackte Tatsache unserer Sterblichkeit er-

Frans Hals, Junger Mann mit Totenkopf, 1626. Dieses Gemälde repräsentiert das Vanitas-Genre – es erinnert an die Flüchtigkeit des Lebens und zeigt üblicherweise einen Totenkopf.

scheint uns so unglaubwürdig, dass wir uns aufführen, als wären wir unsterblich, als hätten wir alle Zeit der Welt, uns unsere verborgenen Sehnsüchte irgendwann einmal zu erfüllen.

Nächstes Jahr ist auch noch Zeit, oder im Jahr danach. Doch indem wir die Gefahren des Misserfolgs überbewerten, unterschätzen wir die ernsthafte Gefahr, die hinter unserer Tatenlosigkeit lauert. Im Vergleich zum Schrecken unseres endgültigen Abgangs muten die Erschütterungen und Probleme unserer riskanteren Schritte recht harmlos an. Wir sollten lernen, uns mit dem Gedanken an den Tod ein wenig Angst einzujagen, um im Leben mehr Mut zu zeigen.

Es ist kaum überraschend, dass wir mit der Endlichkeit unsere Schwierigkeiten haben. Zu Beginn erscheint uns das Leben endlos. Mit sieben dauert es eine Ewigkeit bis Weihnachten. Mit elf kann man sich kaum vorstellen, dass man einmal zweiundzwanzig wird. Mit zweiundzwanzig ist dreißig noch lange hin. Die Zeit tut uns nichts Gutes, indem sie uns so lang erscheint. Am Ende stellt sie sich nämlich auf einmal als eindeutig zu kurz heraus. Normalerweise werden die Leute nur zu bestimmten Gelegenheiten im Leben vom Gedanken an die Sterblichkeit erfasst. Der vierzigste oder fünfzigste Geburtstag kann eine plötzliche Änderung im Denken hervorrufen. Dann reagieren wir panisch oder werden schwermütig. Wir leisten uns ein neues Auto oder fangen an, ein Instrument zu erlernen. Doch in Wirklichkeit deutet dies auf fehlenden Weitblick hin.

Das Außergewöhnliche daran ist nicht, dass wir sterben, sondern dass diese Tatsache des Lebens nicht klar oder zumindest nicht früh genug in unserem Denken verankert ist, um rechtzeitig den Kurs zu wechseln. Eine Midlife-Krise ist kein berechtigtes Erwachen, es ist ein Zeichen dafür, dass man erbärmlich schlecht vorbereitet ist.

Wir sollten nie aufgerüttelt werden müssen. In einem idealen kulturellen Umfeld würde uns von frühestem Alter an systematisch eingeprägt werden, dass wir mit dem Tod rechnen müssen. Es gäbe jeden Monat einen speziellen Termin, an dem man an der Beerdigung eines Fremden teilnähme. Auf jede Nachrichtensendung folgte eine Live-Übertragung aus dem Hospiz. Die Berufsberatung würde mit einer kurzen Meditation über das vermehrte Auftreten von Herzinfarkten und Bauchspeicheldrüsenkrebs beginnen. Überall in den Städten würde man makabere Denkmäler finden (auf Supermarktparkplätzen und in der Nähe von Fußballstadien) mit der Widmung: ‚Den Menschen, die ihr Leben vergeudet haben'. Ernsthaft darüber nachzudenken, wohin das Leben führt, würde als wichtiger und positiver Charakterzug bewertet werden. Des Öfteren würde man Leute sagen hören: „Ich finde X so sympathisch. Er macht sich ständig Sorgen, ob er nicht sein Leben vergeudet."

Doch auch ohne diese, hier idealisiert dargestellte Unterstützung durch die Gesellschaft, können wir unser Bewusstsein für die eigene begrenzte Lebenszeit schärfen. Wir sollten uns ein Repertoire an Gedächtnishilfen zulegen – etwa einen Totenschädel, ein paar Krebsstatistiken oder eine vergrößerte Aufnahme derjenigen Kapillargefäße, die einen Infarkt auslösen können.

Wir brauchen regelmäßig überzeugende Gedächtnisstützen, die uns in Erinnerung rufen, dass es etwas weit Schlimmeres gibt, als sich eventuell zu blamieren, weil man für jemanden schwärmt, oder unangenehm aufzufallen, weil man sein Studienfach wechselt.

VIII

Feinde

Wenn wir erfahren, dass uns jemand von ganzem Herzen hasst, obwohl wir eigentlich nichts getan haben, um das herauszufordern, kann das zu den beunruhigsten Situationen gehören, denen wir uns ausgesetzt sehen. Beim Bier nach der Arbeit lässt vielleicht ein boshafter Kollege einfließen, dass uns zwei Leute im Büro als arrogant und respektlos ansehen und dass sie in den letzten paar Monaten keine Gelegenheit ausließen, uns hinter unserem Rücken anzuschwärzen. Oder wir erfahren, dass der Freund eines Freundes, ein leitender Professor, eine Schrift von uns radikal ablehnt, sie als „naiv" und „den Siebzigerjahren verhaftet" abtut und sich bei einer Konferenz sarkastisch über uns geäußert hat. Über die sozialen Netzwerke sind wir jetzt außerdem bestens informiert über extrem viele potentielle Feinde irgendwo da draußen im Cyberspace. Ein paar Klicks genügen, schon sehen wir uns gnadenlosen, persönlichen Angriffen auf alles, was wir darstellen, ausgeliefert.

Wer kein Selbstbewusstsein hat, für den sind Feinde eine Katastrophe. Innerlich sind wir von der Anerkennung anderer abhängig. Wenn wir also hören, dass Feinde Stimmung gegen uns machen, dann verlieren wir nicht etwa unser Vertrauen in sie (sie haben weiterhin eine Art hypnotische Macht über uns), sondern leider in uns selbst, was viel bedenklicher ist. Vor unseren Freunden bekennen wir vielleicht beiläufig und mit selbstsicherer Miene, dass wir diese Leute auch nicht leiden können und sie verachten, doch geistig werden wir monatelang nicht mit diesem Urteil fertig, weil wir ihm logischerweise einen höheren Rang eingeräumt haben als unserem eigenen. Ihre Einwände erscheinen uns unerträglich, wie ein Stachel, den man sich nicht ziehen kann, aber wir können sie auch nicht total von der Hand weisen. In unserer Verzweiflung wissen wir nicht so recht, wie wir fortfahren sollen, nicht nur, weil man uns als Idioten oder Egoisten bezeichnet hat, sondern vor allem deshalb, weil wir meinen, es müsse etwas Wahres daran sein.

Wir haben es dem Urteil anderer erlaubt, unser ganzes Denken zu beeinflussen. Nichts und niemand gebietet dem Einhalt: der Feind wandert ungehindert und zerstörerisch bis in die letzten Winkel unseres Bewusstseins, reißt alles ein und macht sich lustig über alles, was uns ausmacht. In unserer Not bestehen wir auf unserer Ansicht, dass das alles „total ungerecht" ist (und das treibt uns die Tränen in die Augen): Wir haben ja nichts falsch gemacht, in guter Absicht gehandelt und akzeptable Arbeit abgeliefert. Warum also wird auf uns herumgetrampelt und unser Ansehen zerstört? Entweder sind wir wirklich Idioten (was eine unerträgliche Wahrheit wäre) oder wir sind keine (dann ist dieser Hass ein unerträglicher Irrtum). Was immer auch stimmt, wir können es einfach nicht hinter uns lassen und fröhlich weiterleben. Wir fühlen uns dazu verpflichtet, etwas zu unternehmen, um uns von diesem Makel zu befreien. Mitten in der Nacht denken wir über verschiedenste Möglichkeiten nach, unseren Ruf wiederherzustellen: wütend, passiv-aggressiv, selbstzerstörerisch, charmant, bittend ... Unser Lebenspartner beschwört uns schließlich, das Ganze doch endlich zu vergessen und ins Bett zurückzukommen. Aber wir können nicht: Der Feind lässt sich nicht aus unserem Kopf verbannen.

Woher stammt dieses fehlende Selbstvertrauen in solchen Situationen? Wie immer sollten wir bei den Eltern beginnen und uns einen Typus vorstellen, der, ohne es zu wollen, solch eine selbstzerstörerische Denkweise hervorruft. Ganz gleich wie liebevoll solche Eltern sein mögen, sie haben wahrscheinlich auch ein großes Maß an Vertrauen in das System. Würde die Polizei gegen einen ihrer Freunde ermitteln, dann gingen sie automatisch davon aus, dass die Behörden irgendeinen berechtigten Grund dazu hätten. Wenn sie den Verriss eines Romans in einer Zeitschrift lesen würden, selbst von einem Autoren, den sie in der Vergangenheit sehr schätzten, wären sie sofort davon überzeugt, dass der Autor sein Talent verloren hätte und nun seine Leser an der Nase herumführt. Sind die Eltern mit einem Architekten befreundet, der für einen bedeutenden Architekturpreis nominiert ist und dieser geht schließlich an einen anderen Architekten, haben sie das Gefühl, dass ihr Freund, dessen Bauten sie vorher bewundert haben, im Vergleich zum Gewinner weniger Talent hat. Von dieser Sekunde an geloben sie die dunklen, asymmetrischen Strukturen des anderen Architekten mit mehr Respekt zu betrachten.

Was ihre eigenen Kinder betrifft, urteilen solche Eltern ähnlich und bewirken damit einen Mangel an Selbstbewusstsein bei ihren Kindern: Äußere Umstände bestimmen, wann und wie sehr sie ihre liebevolle Zuneigung ausdrücken. Wenn andere das Baby süß finden, dann ist es auch süß (wenn nicht, dann eben weniger). Wenn die Kinder später in der Schule einen Preis in Mathematik gewinnen, dann bedeutet das für sie nicht nur, dass ihr Kind gut in Algebra ist, sondern dass es insgesamt ein liebenswertes Kind ist. Wenn im Zeugnis dagegen steht, dass das Kind leicht ablenkbar und verträumt ist und es so aussieht, als wäre seine Versetzung gefährdet, dann scheint ihnen die Daseinsberechtigung ihres Sprösslings infrage gestellt. Wie sehr ein Kind geliebt wird, steht und fällt in den Augen dieser Eltern mit der Anerkennung und dem Interesse der Außenwelt.

Solch eine Erziehung bekommen zu haben, ist eine schwere Bürde. Kinder, bei denen die elterliche Liebe an bestimmte Bedingungen geknüpft war, müssen ihr ganzes Leben lang wie verrückt arbeiten, um die Forderungen zu erfüllen, die die Eltern und die Welt an sie stellen. Erfolg ist für sie nicht einfach eine angenehme Zugabe, die ihnen in den Schoß fällt, wenn sie ein Thema gut finden oder die Aufgabe sie interessiert. Erfolg ist eine psychologische Notwendigkeit, etwas, das sie sich sichern müssen, um eine Daseinsberechtigung zu haben. Da sie keine Erinnerung an eine bedingungslose Zuneigung haben, müssen sie ihr Selbstwertgefühl ständig aus einer externen Kraftquelle speisen, der wechselhaften und eigenwilligen Anerkennung ihrer Umwelt. Wenn dann Feinde auftauchen, ist es wenig überraschend, dass sie sehr schnell ziemliche Schwierigkeiten bekommen, weil sie nicht in der Lage sind sich vorzustellen, dass die Feinde Unrecht haben und sie selbst im Recht sind; dass nicht allein ihre Leistungen ihr Wesen ausmachen; dass das Scheitern ihrer Taten nicht das Scheitern ihrer gesamten Persönlichkeit bedeutet. Ihre Erziehung liefert sie praktisch schutzlos jedem aus, dem es in den Sinn kommt, sie zu hassen.

Vergleichen Sie dagegen die glückliche Kindheit der Selbstbewussten. Deren Eltern würden dem System gegenüber eine gesunde Skepsis an den Tag legen. Für sie würden Autoritäten zwar manchmal recht haben, doch dann wieder, gerade in entscheidenden Situationen, würden sie auch grundfalsch liegen. In den Augen solcher Eltern ist jeder mit einem gesunden Menschenverstand ausgestattet und mit der Fähigkeit, sich eine eigene Meinung zu bilden. Ein Angeklagter ist nicht schuldig, nur weil ihn die Menge ausbuht. Auch ein Polizeipräsident, ein Rezensent der *Times* oder der Vorsitzende des Gremiums zur Verleihung des Pritzker-Architekturpreises können idiotische Entscheidungen treffen; so etwas kommt vor. In ihrer Elternrolle flößen solche Menschen mit ihren Botschaften ihren Kindern Selbstvertrauen ein: „Wir lieben dich so, wie du bist, nicht nur für das, was du tust. Nicht, dass du immer bewundernswert oder einfach liebenswert wärst, aber du verdienst immer unsere Zuneigung und Nachsicht in unserer Bewertung. Ganz gleich, ob du Präsident oder

Straßenkehrer wirst, für mich wirst du immer das eine bleiben: mein Kind. Wenn die andern nicht gut zu dir sind, sollen sie sich zum Teufel scheren!" Eltern sprechen unwillkürlich mit einer beruhigenden Stimme mit ihren Kindern, und diese bleibt im Bewusstsein verankert, ganz besonders in schwierigen Momenten. Das ist die Stimme der Liebe.

Wir können die Zeit nicht zurückdrehen und das ändern, was unseren Charakter gestaltet hat. Aber wenn wir verstehen, was uns fehlt, dann können wir uns wenigstens darum bemühen, ausgleichende Stimmen unserem aufgewühlten Innenleben hinzuzufügen. Das Urteil der anderen ist zwar nicht immer falsch, aber es ist auch nur hin und wieder ganz korrekt: Die Polizei reagiert auf Fehlinformationen; Rezensenten laden ihren Frust auf unschuldige Autoren ab, ein Gremium zur Preisverleihung lässt sich von der augenblicklichen Mode beeinflussen. Die Welt „weiß" nicht automatisch alles. Zwar können wir nichts gegen einen Feind unternehmen, aber wir können beeinflussen, was er uns bedeutet. Wir können ihn von seinem Podest als unparteiischen Verkünder der Wahrheit herunterholen und ihn an den Platz stellen, wo er hingehört, nämlich als einen durchaus parteiischen Menschen, der eine bestimmte Meinung (die vielleicht nicht ganz unrecht ist) über etwas hat, das wir einst geschaffen haben – aber niemals über uns selbst. Wer oder was wir sind, entscheiden nur wir.

Wenn man angesichts der Tatsache ein paar Feinde zu haben, geradezu panisch reagiert, kann das auch ein

Symptom für ein gefährliches Vertrauen in die menschliche Natur überhaupt sein. Menschen mit geringem Selbstbewusstsein gehen davon aus, dass alle anderen Menschen vernünftig, intelligent, ausgeglichen und selbstbeherrscht sind. Wenn es trotzdem dazu kommt, dass bestimmte Leute gemeine Dinge über uns im Internet schreiben, dann schließen wir daraus, dass diese Dinge wohl wahr sein müssen. Nur psychisch stabile Menschen sind gegen derlei Schlussfolgerungen immun, und zwar aufgrund eines gesunden Pessimismus. Sie gehen von Anfang an davon aus, dass die meisten Leute – selbst wichtige und doch eigentlich intelligente – voreingenommen sind, ihre eigenen niedrigen Motive haben und so streitsüchtig und boshaft sein können wie ein paar Kleinkinder auf dem Spielplatz. Sie lügen, sie verleumden und sagen böse Dinge, nur um sich besser zu fühlen; sie sind neidisch, inkompetent, grausam und bösartig. Es sollte uns daher keineswegs wundern, dass es ein paar Leute gibt, die uns gegenüber gemein sind, gehört doch die Gemeinheit zu den grundlegenden Eigenschaften der menschlichen Natur. Je weniger wir über andere Menschen nachdenken, desto ruhiger können wir den gezielten Gemeinheiten bestimmter Leute begegnen.

Selbstbewusste Menschen mit ihrem natürlichen Pessimismus wissen, dass jede gestandene und interessante Persönlichkeit sich im Lauf ihres Lebens ein paar Feinde macht. Das liegt in der Natur der Sache. Die Gründe können ganz unterschiedlicher Art sein: den einen fährt man mit den eigenen Aktivitäten in die

Parade, andere erinnern sich neidisch an frühere Ambitionen, die sie still schon begraben hatten, wieder andere fühlen sich durch unseren Erfolg zurückgesetzt; bestimmte Leute wären gerne mit uns befreundet oder liiert gewesen und sind nun sauer, dass nichts daraus wurde. Wir sind oft Zielscheiben für die Wut und die Frustrationen anderer, aber das bedeutet noch lange nicht, dass wir daran schuld sind.

Im 17. Jahrhundert entwickelte sich in den Niederlanden eine Kunstrichtung, Schiffe in schwerer See zu malen. Diese Gemälde, die in Privathäusern und öffentlichen Gebäuden der Republik aushingen, waren mehr als nur Dekoration. Sie sollten dem Betrachter dieser Nation, die so sehr vom Seehandel abhängig war, eine Moral vermitteln, nämlich des Vertrauen in die Seefahrt und in das Leben schlechthin. Der Anblick eines mächtigen Segelschiffs, das in rauer See gefährlich von den Wellen herumgeschleudert wird, stellt sich für Unkundige als Katastrophe dar. Viele Situationen scheinen jedoch weit gefährlicher, als sie es in Wirklichkeit sind, besonders wenn die Mannschaft erfahren und das Schiff stabil gebaut ist. Sehen Sie sich Ludolf Bakhuysens Bild *Schiffe in Seenot in einem schweren Sturm* an. Die Lage sieht extrem gefährlich aus: Wie kann ein Schiff so etwas überstehen? Doch diese Schiffe wurden für solche Situationen gebaut, ihre Rümpfe wurden ständig verbessert und im Lauf der Jahre an den schweren Seegang der Nordmeere angepasst. Die Mannschaften hatten jahrelange Übung in den Manövern, um die Schiffe seetüchtig zu halten. Sie wussten,

Ludolf Bakhuysen, Schiffe in Seenot in einem schweren Sturm,
ca. 1695

wie man so schnell die Segel refft, dass der Wind den Mast nicht knickt. Sie hatten ein Gespür für die optimale Lagerung der Waren im Schiffsbauch, kreuzten nach links, dann abrupt nach rechts, um das Wasser aus den inneren Kammern herauszupressen. Kühl und professionell begegneten sie der aufgewühlten See. Dieses Gemälde ist eine Hommage an jahrzehntelange Erfahrung und planvolles Vorgehen. Man kann sich gut vorstellen, wie ein alter Seebär einen verängstigten Kadetten lachend mit der Geschichte beruhigt, dass er letztes Jahr um Jütland einen noch wilderen Sturm erlebt hat – und dem Jungen dann beruhigend auf den Rücken klopft, wenn er über die Reling spuckt. Bakhuysen wollte, dass wir angesichts der ungeheuren Herausforderungen stolz auf die Widerstandsfähigkeit der Menschheit sein sollen. Sein Gemälde begeistert uns mit seiner Botschaft, dass wir alle viel besser zurechtkommen, als wir annehmen; dass das, was so ungemein bedrohend wirkt, ganz gut zu überleben ist.

Was für Stürme in der Nordsee gilt, gilt für die Feinde im Büro nicht weniger. Deren feindselige Haltung kann so bedrohlich wirken wie die gigantischen Brecher vor Den Helder. Doch in Wirklichkeit ist sie – mit den richtigen, emotionalen Fähigkeiten und einer gewandelten inneren Einstellung – ganz sicher beherrschbar. Bei diesen Verwerfungen geht es nicht um uns persönlich, und wir können sie überleben, wenn wir es schaffen, die Meinungen anderer nicht über unsere eigene Meinung zu stellen. Wir müssen versuchen, ungerechte von gerechter Kritik zu unterscheiden und aus der gerechten Kritik etwas zu lernen. Den anderen, die mit ihrer Kritik nur ihren Frust an uns auslassen, können wir getrost vergeben. Stürme gehen vorbei; man geht vielleicht lädiert daraus hervor, doch dann steuert man sicherere Gestade an – und die Sonne geht auf über den Türmen von Alkmaar.

IX

Eigensabotage

Normalerweise geht man davon aus, dass wir daran interessiert sind, unser Glück zu machen, insbesondere auf den beiden wichtigsten Gebieten des Lebens, nämlich in persönlichen Beziehungen und bei der beruflichen Karriere.

Es ist daher seltsam und ein wenig irritierend, wie oft sich viele von uns absichtlich die Chancen auf das, was wir erreichen wollen, zerstören. Wenn wir mit Leuten ausgehen, um die wir uns eigentlich bemühen, dann fangen wir an, uns unnötigerweise rechthaberisch und feindselig zu verhalten. In einer Beziehung treiben wir den geliebten Menschen mit wiederholten Beschuldigungen und Wutanfällen in den Wahnsinn, fast so als wollten wir den traurigen Tag herbeiführen, an dem unser Partner aufgibt und uns verlässt, weil er es einfach nicht mehr mit uns aushält.

In ähnlicher Weise könnten wir auch in der Arbeit unsere Karrierechancen schmälern, wenn wir uns zum Beispiel nach einer gelungenen Präsentation vor dem Firmenvorstand plötzlich einen Schlagabtausch mit dem CEO liefern oder uns bei einem wichtigen Dinner mit Kunden betrinken oder beleidigend werden.

Solch eine Verhaltensweise ist nicht einfach nur mit einem schlechten Tag zu erklären. Dafür braucht es eine gezieltere Begrifflichkeit: Eigensabotage. Versagensangst kennen wir nur zu gut, doch wie es scheint, kann Erfolgsangst ebenso viele Befürchtungen auslösen, was am Ende unter Umständen dazu führt, dass wir unsere Erfolgschancen preisgeben, um unseren inneren Frieden wiederherzustellen.

Was könnte diese Erfolgsangst erklären? In bestimmten Fällen ist das sicherlich ein Schutzmechanismus, um Freunde und Familie, die uns seit frühester Kindheit begleiten, vor Neid und dem Gefühl der Unzulänglichkeit zu bewahren, die wir vielleicht mit unserem Erfolg auslösen könnten. Diese bezaubernde neue Lebensgefährtin oder die Beförderung in eine leitende Position könnten sich vernichtend auf die Menschen um uns herum auswirken, die sich dann vor die Frage gestellt sehen, warum sie selbst vergleichsweise so wenig erreicht haben und ob sie nun überhaupt noch als gut genug von uns angesehen werden.

Es mag ein seltsames Gefühl sein, akzeptieren zu müssen, dass die Personen, die uns in unserer Kindheit geliebt haben, uns insgeheim beneiden könnten, besonders wenn sie uns auf allen anderen Ebenen zugeneigt sind. Doch bei eben diesen Bezugspersonen könnte ein gewisses Bedauern darüber entstehen, wie sich ihre eigenen Lebensläufe entwickelt haben. Sie fürchten womöglich, von anderen – selbst von ihren eigenen Kindern – vernachlässigt zu werden und als unwichtig empfunden zu werden. Während der

Phase unseres Heranwachsens gab es entsprechende Ermahnungen wie: „Lass dir den Erfolg nicht zu Kopf steigen" oder „Vergiss nicht, wo du herkommst" – alles verschlüsselte Botschaften, nicht vergessen oder übersehen zu werden. Das kann uns in eine Zwickmühle bringen: Der Erfolg, den wir herbeisehnen, verletzt die Gefühle der Menschen, die wir lieben.

Wenn wir merken, dass wir in eine solche Sackgasse geraten, müssen wir darauf achten, uns nicht selbst zu sabotieren. Stattdessen müssen wir die Initiative ergreifen und großherzig den wahren Grund herausfinden, warum unsere Bezugspersonen vielleicht Ängste in Bezug auf unsere Erfolge entwickeln. Wir sollten erkennen, dass sie sich nicht so sehr vor unserem Erfolg fürchten, sondern davor, zurückgelassen oder an ihre eigenen Unzulänglichkeiten erinnert zu werden. Statt uns selbst zu sabotieren, besteht unsere Aufgabe also darin, unseren Begleitern absolute Loyalität und Wertschätzung zu signalisieren.

Eine zweite, weit verbreitete Art von Selbst-Saboteuren sind die, denen jede Hoffnung als zu teuer erkauft erscheint. In jungen Jahren haben wir vielleicht außergewöhnlich brutale Enttäuschungen erlebt, waren damals aber zu instabil um ihnen standzuhalten. Möglicherweise hofften wir, unsere Eltern würden zusammenbleiben und sie taten es dann doch nicht; oder wir hatten die Hoffnung, der Vater würde aus dem Ausland zurückkommen und dann bei uns leben. Vielleicht haben wir jemanden geliebt, und nach wenigen Wochen des Glücks veränderte sich der Charakter der geliebten Person plötzlich zum Negativen und sie machte sich vor anderen über uns lustig. Irgendwo tief in unserem Innern haben wir angefangen, Hoffnung mit Gefahr zu assoziieren. Eine Haltung, die mit der Vorliebe für ein stilles, eher enttäuschendes Leben verbunden ist, statt eines offeneren Lebens voller Hoffnung.

Hier besteht die Lösung darin, uns an die Tatsache zu erinnern, dass wir trotz unserer Ängste den Verlust von Hoffnung überleben können. Heute sind wir nicht mehr so wie damals, als wir so sehr unter jener Enttäuschung gelitten haben, die für unsere gegenwärtige Ängstlichkeit verantwortlich ist. Was uns als Kind geformt hat, entspricht nicht mehr der Lebenswelt eines Erwachsenen. Unbewusst erfassen wir die Welt durch die Brille unserer vergangenen Erfahrungen, doch das, wovor wir uns fürchten, liegt in Wahrheit lange hinter uns. Wir projizieren eine Katastrophe in die Zukunft, die zu einer Vergangenheit gehört, die wir noch nicht aufarbeiten konnten.

Erwachsenen stehen zudem noch bedeutend mehr Quellen der Hoffnung zur Verfügung als einem Kind. Wir können es verkraften, auf die eine oder andere Art enttäuscht zu werden, weil wir ein breiteres Lebensspektrum haben als nur Familie, Nachbarschaft und Schule. Die ganze Welt steht uns offen, ein Garten, in dem wir die verschiedensten hoffnungsvollen Pläne hegen, die die unumgänglichen, zwar nicht tödlichen, aber dennoch schmerzhaften Enttäuschungen aufwiegen.

Schließlich gibt es noch eine weitere Form von Selbst-Sabotage, bei der wir unseren Erfolg durch eine anrührende Bescheidenheit kaputtmachen. Und zwar aus dem Gefühl heraus, dass wir den Bonus, den wir bekamen, nicht verdient haben. Wir betrachten dann den neuen Job oder die Eroberung im Lichte all unserer Mängel – unserer Faulheit, Feigheit, Dummheit und Unreife – und schließen daraus, dass hier wohl ein Fehler vorliegen muss. Deshalb weisen wir sie als unverdientes Geschenk zurück. Dem liegt ein wohlmeinendes, aber unheilvolles Missverständnis darüber zugrunde, wie Erfolg und Mühen im Leben verteilt werden. Das Universum verteilt Wohltaten und Gräuel nicht im Sinne einer göttlichen Gerechtigkeit. Fast alles, was uns zufällt, haben wir nicht voll und ganz verdient, genauso wenig wie fast alles, was wir erleiden müssen. Krebsstationen werden nicht von besonders bösen Menschen bevölkert.

Wenn wir Schuldgefühle verspüren, weil wir glauben etwas nicht verdient zu haben, dann sollten wir schleunigst daran erinnern, dass auch noch Negatives auf uns zukommen kann, das wir ebensowenig verdient haben. Unsere Krankheiten, spektakulären Abstürze und gescheiterten Beziehungen werden genauso unverdient sein, wie es die Schönheit, der Aufstieg oder die Liebesgeschichte heute sind. Wir sollten uns über Letzteres nicht so viel Kopfzerbrechen machen, ebenso

Ungeachtet unserer Ängste können wir den Verlust der Hoffnung überleben.

wie wir uns nicht allzu bitter über unser Leid beklagen sollten. Von Anfang an sollten wir uns bereitwillig auf die schiere Zufälligkeit und Amoralität des Schicksals einstellen.

Im Umgang mit anderen Menschen kann es hilfreich sein, das Konzept der Eigensabotage im Hinterkopf zu haben, wenn man die seltsamen Kapriolen anderer oder seine eigenen interpretiert. Immer dann, wenn man selbst bei unberechenbaren Aktionen im Zusammenhang mit Menschen, die man wirklich mag oder beeindrucken will, ertappt, sollte man argwöhnisch werden. Konfrontiert mit einer bestimmten Art von Bösartigkeit oder Unzuverlässigkeit bei anderen, sollten wir erkennen können, dass die Dinge nicht ganz so sind, wie sie zu sein scheinen. Statt eines übelwollenden Widersachers haben wir unter Umständen einen verunsicherten Eigensaboteur vor uns, der hauptsächlich ein wenig Geduld und gutes Zureden braucht, damit er sich nicht weiter Schaden zufügt.

Wir sollten uns damit arrangieren und anderen dabei helfen zu erkennen, wie mühsam und entnervend es manchmal sein kann, den Dingen nahezukommen, die wir wirklich wollen.

X

Vertrauen in das eigene Selbstvertrauen

Selbst wenn wir davon ausgehen, dass wir, wie jeder andere auch, selbstbewusst sein wollen, argwöhnen wir im Stillen, Selbstvertrauen sei tatsächlich ein unsympathischer Charakterzug. Im Unterbewusstsein finden wir es anstößig und bleiben dem Zögern und der Bescheidenheit verhaftet.

Im Geheimen sind wir stolz darauf, dass wir nicht zu jenen gehören, die sich im Restaurant beschweren. Wir machen kein Theater um unser Gehalt. Wir erwarten nicht, dass unsere Freunde ihre Urlaubspläne für uns ändern. Wir spielen keine laute Musik. Unsere demütige Bescheidenheit schützt uns vor zutiefst abschreckenden Assoziationen im Zusammenhang mit bestimmten unangenehmen Auswüchsen von Selbstbewusstsein, denen wir vielleicht in unserer Jugend ausgesetzt waren. Bestimmte Leute waren absolut unangenehm und gleichzeitig schrecklich selbstsicher; sie waren anspruchsvoll, ungeduldig, verächtlich und vorlaut. Sie haben Dienstleister angeschrien und den Telefonhörer aufgeknallt, wenn sie das Gefühl hatten, dass man sie nicht genügend respektierte. Damals haben wir vielleicht angefangen zu denken, dass ein solches Verhalten wohl notwendig sein müsse, um sich erfolgreich durchzusetzen, und dass in diesem Fall demonstrativer Erfolg nichts für uns wäre.

Dabei dürfen wir nicht vergessen, dass das Misstrauen gegenüber dem Selbstbewusstsein in unserer Kultur traditionell weit verbreitet ist. Das Christentum, das die westliche Geisteshaltung über Jahrhunderte hinweg geprägt hat, steht Menschen, die mit sich selbst über die Maßen zufrieden sind, sehr skeptisch gegenüber. Während die Demütigen sich in Gottes Gnade sonnten, zogen die Hochmütigen als Letzte in das Reich Gottes ein. In seinen politischen Schriften fügte Karl Marx (1818-1883) diesem Argument noch eine Reihe weiterer Theorien hinzu, die zu beweisen schienen, dass wirtschaftlicher Erfolg immer nur auf Ausbeutung anderer Menschen beruhte. Kein Wunder also, dass wir uns als moralische Menschen deutlich davon distanzieren sollten, unsere Interessen allzu hart durchzusetzen.

Doch diese Einstellung birgt gewisse Risiken. Uns fehlt womöglich das Selbstbewusstsein, um uns nicht für Anstand und Weisheit einzusetzen. Stattdessen kuschen wir und fördern die Dummheit. Unser mangelndes Vertrauen in das Selbstvertrauen erlaubt es den abgeschwächten Formen von Selbstbehauptung zu gedeihen. Unsere Betrachtungsweise mag durchaus unfair sein. Unsere negative Sicht auf das Selbstbewusstsein ist wahrscheinlich allzu sehr beeinflusst von den Eigenheiten unseres eigenen Erfahrungshorizonts, von der Art Menschen, bei denen wir zum ersten Mal auf Selbstbewusstsein gestoßen sind. Unser wirkliches Problem ist vielleicht nicht so sehr das Selbstvertrauen, sondern vielmehr der Mangel an anderen Tugenden, wie gute Umgangsformen, Charme, Witz und Großzügigkeit. Wir diagnostizieren das fälschlicherweise als Grund unserer Abneigung. Sicher mag es einige Menschen geben, die sich zu Angebern, Egoisten und Dickköpfen entwickeln. Doch Selbstbewusstsein an sich ist durchaus kompatibel mit einem Charakter, der empfindsam, freundlich, geistreich und bescheiden ist. Es ist die Dummheit, die wir eigentlich ablehnen, nicht das Selbstvertrauen.

Oft verstecken wir uns auch hinter unserer Sanftmut aus purer Angst davor, selbstbewusst auftreten zu müssen. In Wirklichkeit schätzen wir die Zurückhaltung gar nicht so sehr, als dass wir davor zurückschrecken, etwas durchzusetzen. Diese Art von Selbstschutz hat den Philosophen Friedrich Nietzsche (1844-1900) ganz besonders fasziniert. Er hielt sie für einen typischen Fehler von Christen, die sich etwas auf ihre Fähigkeit zur „Vergebung" einbildeten, während sie in Wirklichkeit nur versuchten, ihre „Unfähigkeit zur Vergeltung" zu entschuldigen. Wir sollten darauf achten, unsere Defizite nicht in göttliche Tugenden umzumünzen.

Unglücklicherweise reicht es eben nicht, nur innerlich freundlich, interessant, intelligent und weise zu sein. Wir müssen uns dafür rüsten, unsere Talente in der Welt aktiv einzusetzen. Mit Selbstvertrauen gelingt es uns, die Theorie in die Praxis umzusetzen. Selbstbewusstsein sollte niemals für den Feind guter Eigenschaften gehalten werden, im Gegenteil: Selbstbewusstsein bringt diese erst zum Tragen. Wir sollten uns erlauben, Vertrauen in unser Selbstvertrauen zu entwickeln.

Bild- und Literaturverzeichnis

Bildnachweis:
AKG images: S. 13, S. 43 (Heritage-Images / CM Dixon), S. 43 (Album / Prisma), S. 48 (WHA / World History Archive), S. 61

Literaturverzeichnis:
S. 43: Textauszug aus: T. S. Eliot, Vier Quartette. Aus dem Englischen von Norbert Hummelt. © Suhrkamp Verlag Berlin 2015.

The School of Life widmet sich der Entwicklung emotionaler Intelligenz – weil wir überzeugt sind, dass unsere größten Probleme durch fehlende Selbsterkenntnis, zu wenig Mitgefühl und den Mangel an Kommunikation entstehen. Wir sind an zehn Orten weltweit tätig, unter anderem in London, Amsterdam, Berlin, Seoul und Melbourne. Wir produzieren Filme, unterrichten, bieten Therapien an und erstellen eine Reihe von Produkten zur Geistesbildung. **The School of Life** veröffentlicht Bücher zu den wichtigsten Themen unserer Gefühlswelt. Sie sind so konzipiert, dass sie gleichzeitig unterhalten, erziehen, Trost spenden und das Leben verändern.